Decidi Confiar

Confiança a base para o sucesso

Bruna Ziviani
2a Edição

2019

Título: Decidi Confiar

Decidi Confiar

Souza, Bruna Ziviani Hernandes Neves de
Bacharel em Teologia : palestrante e
seminarista, Educadora e Apresentadora
Testemunho e biografia
1. Testemunho e Biografia

2 edição - Bahia

40PGS-orelhas/Tipopapel:Offset Categoria:Luxo

.

Sumário

Prefácio

Conheci Bruna, através do Pastor Dimas e da "Querida" Rose que sempre me marcaram pelo coração missionário que possuíam. Pr. Dimas e Rose "me adotaram" e se tornaram a família que eu tinha no Norte do Brasil.

Bruna logo me chamou atenção por seu trabalho com as mulheres. Além de mãe e dona de casa competente, era "pastora" de muitos corações: compassiva, leal e uma obreira de valor. A medida que compartilhava comigo, podia ver que seu desejo e chamado era para alcançar todas as nações!

A igreja Batista Missionária Ágape florescia e foi dessa época que minhas melhores memórias do Pr. Dimas, Rose e do Aílton me foram forjadas. A trágica notícia da morte deles, foi um choque para todo o Brasil.

Bruna é um exemplo de superação, de fé e coragem. Ela deu a volta por cima e não permitiu que a depressão ou qualquer outro sentimento de desespero e angústia tomassem conta de sua vida. Com filhos pequenos, ela "decidiu confiar" em Deus e entregar sua jornada ao Senhor.

É sobre este processo de dor, de questionamentos e de superação que ela vai falar neste livro. Nos detalhes dos depoimentos, pode-se perceber que não foi nada fácil, mas que o Senhor a guiou, a presenteou e transformou sua história.

Acima de tudo, este é um livro sobre fé que abençoará sua vida, assim como abençoou a minha. Seja por qual momento você esteja passando, esta leitura acrescentará ao seu coração, não só encorajamento, mas salvação e esperança.

Deus abençoe sua leitura!

Raquel Elana

Belo Horizonte, 2 de Maio de 2015

Dedicatórias

Um Sonho , uma conquista, dedico esta obra primeiramente a Deus, que me alcançou com seu amor e me permitiu chegar até este momento por suas misericórdias e escrever esta obra para edificação de muitas vidas , a minha família, meu Pai , minha Mãe e irmãos que sempre tem me apoiado, aos meus filhos Gabriel, Sarah e Isaque ,e a pessoas muito importantes que me direcionaram a este caminho precioso que são os caminhos do Senhor, Pr.Dimas Fernandes e Pra. Roselina Miranda (In Memorian), Ailton Neves (In Memorian) e meu esposo Jackson que tem estado ao meu lado me fortalecendo e me incentivando a prosseguir , tem sido meu braço forte nesta caminhada com o Senhor, a minha amiga e irmã de coração Alexandra Guarates que ao meu lado suportou as perdas e sempre tem chorado e se alegrado em cada momento de minha vida.

Núcia, Jéssica Bruna e toda a sua família que sempre estão ao meu lado e tem um amor imenso por meus filhos , Luciana e sua família que mesmo diante suas dificuldades estava ali presente cuidando de nós , pessoas que sou imensamente grata.

Lucineide Santos e sua família , que fazem parte dos sonhos de Deus para minha vida , idealizadora do sonho de Deus o programa Adoradoras Restaurando Vidas, que me deu a oportunidade de falar do amor de Deus através da televisão para muitas vidas.

Edson Felix e sua família , que permaneceram ao meu lado me ajudando em momentos de dificuldade , e a grande homenagem que fizeram ao Ailton(inmemoriam), dando ao filho deles o nome Ailton.

Raquel Elana , Missionaria, escritora , amiga , uma guerreira que teve sua participação em minha história mesmo distante , mas me mostrando o que significa amar a Deus e sua obra.

As Famílias das vítimas deste trágico acidente , mães, viúvas e filhos que também decidiram confiar em Deus para superar esta tragédia.

A Igreja Batista Missionária Ágape e toda sua liderança, que me acolheu e me abraçou como filha, no tempo em que Deus determinou que ali eu estivesse.

Amo a todos e sempre peço ao Senhor que esteja cuidando de suas famílias .

E a todos que direta ou indiretamente tem sido fundamental na edificação deste ministério, que as bênçãos do Senhor Jesus sejam sobre a vida de todos , concretizando os mais preciosos sonhos de Deus em vossas vidas.

Bruna Ziviani

Decisão

Escrever sobre nossa vida é um desafio muito grande , e ao mesmo tempo uma vitória , por saber que Deus nos permitiu tal feito , para que através de um livro , vidas fossem alcançadas para poder desfrutar de um novo tempo de novas conquistas e de grandes experiências.

Assim como muitas pessoas , minha vida , deu muitas voltas , até que eu me rendesse aos pés do Senhor Jesus , mas como em muitos casos , comigo não foi pela dor , mas por amor , pois foi desta forma que Ele me foi apresentado, eu saíra a pouco de um casamento de muitos conflitos , com um filho pequeno , e em pouco espaço de tempo me envolvendo em outro relacionamento conturbado , mas que me levou ao conhecimento de um Deus glorioso , majestoso , conheci meu esposo num site de relacionamentos , destes que entramos em bate papo, e então, desenvolvemos um relacionamento virtual , mas o virtual tornou-se real e eu viajei três mil e quinhentos quilômetros para conhecer pessoalmente essa pessoa , nos apaixonamos e passamos a morar juntos , ele conhecia a Jesus e me convidou para frequentar os cultos de sua igreja , eu ia, mas era apenas mais uma pessoa vazia , que permanecia vazia e voltava para casa como se nada estivesse acontecendo , foram assim muitos meses , até que um ano depois de entrar pela primeira vez numa igreja evangélica eu comecei a sentir algo diferente em meu coração , sentir falta de ouvir aquelas palavras sendo ministradas , de ouvir os louvores que ali eram ofertados ao Senhor como forma de gratidão , e no dia 02 de fevereiro de 2007, ao final de um jantar oferecido por mim e por este meu namorado na época que eu havia conhecido pela internet e já morando há três mil e quinhentos quilômetros de distância da minha terra natal São Paulo , agora então vivendo com meu filho e meu companheiro em Porto Velho, Rondônia,ao final deste jantar, quando pessoas da igreja que ali estavam nos convidaram para uma oração , e ao final o pastor e hoje um homem que admiro muito Pastor Cordovil , citou um livro das sagradas escrituras para mim onde todo argumento sobre dizer eu já tenho Jesus em meu coração não preciso confessar , caiu por terra , então, ele com muito carinho e amor citou do livro de Romanos o capítulo 10 a partir do versículo 9 que nos diz o Senhor:

"A saber: Se com a tua boca confessares ao Senhor Jesus, e em teu coração creres que Deus o ressuscitou dentre os mortos, serás salvo. Visto que com o coração se crê para a justiça, e com a boca se faz confissão para a salvação."Amados depois de então ouvir esta verdade eu em muitas lágrimas , entreguei meu coração ao Senhor Jesus , foi um momento único e que descrevendo não conseguiria expressar , o gozo , o preenchimento em meu coração, foi algo maravilhoso.

Ali naquele momento começava uma nova história em minha vida , o Senhor Jesus , sabendo do por vir me preparava naquele momento para suportar o que mais adiante aconteceria . Digo hoje, se eu não tivesse sido alcançada naquela noite na sala da minha casa hoje eu poderia não estar aqui escrevendo este livro , contando esta história a cada uma que neste momento compartilha desta palavra .

Então, a partir deste dia , eu comecei a ser alimentada pela palavra de Deus e cada dia mais eu queria mais e mais ser participante das Glorias do Pai , eu buscava mais , eu sabia pra quem eu deveria chorar, em quem eu deveria buscar auxílio e socorro, porém mais adiante, alguns anos a frente eu aprenderia a confiar de fato neste Deus poderoso , aqui foi como se eu tivesse prestado um vestibular , tomando a decisão de como seriam os próximos anos da minha vida , na direção do Senhor Jesus , com supervisão do Espírito Santo, eu tinha então que aprender mais , consertar minha vida em muitas coisas, entregar meus caminhos de fato ao Senhor para Ele então conduzir pelos "pastos verdejantes" , começava uma vida de confiança diária e plena em Deus.

Provações

No mesmo ano em que decidi entregar a minha vida ao Senhor Jesus, enfrentei algumas dificuldades, lembram o relacionamento que me levou a morar muitos quilômetros longe de minha família, pois é este relacionamento passava por uma crise e meados de abril do ano de 2008 , eu decidi retornar para minha cidade natal , São Paulo , viver no interior do estado deixando esse amor para trás, porém ainda muito forte em meu coração , bem dizer só via ele , só desejava ele , vivia para ele , estaria disposta a deixar tudo de novo para viver com ele , mas ele então toma uma decisão , não me querer nem pintada de ouro com ele , entro neste momento em depressão , por uma desilusão amorosa , foi um mês me entregando para essa maldita depressão e perdendo momentos lindos da vida do meu filho , por não suportar mais sofrer com aquela desilusão eu decido então por fim na minha própria vida , me aproximo de um viaduto , onde passava uma linha férrea em baixo e me debruçando no parapeito do viaduto eu me preparo para me jogar no momento de passagem do próximo trem, mas antes de acontecer tal tragédia , ouço alguém me tocar, eu olhei para trás , não vi ninguém , mas vi meu filho Gabriel, que apareceu como um anjo ao meu lado , algo impossível de acontecer , pois neste dia eu tinha deixado ele na escola e depois fui para essa decisão,então em lágrimas eu sai daquele lugar e fui para minha casa , muito magra , debilitada , havia perdido muito peso , devido a depressão , eu dava nó nas minhas calças por não ter dinheiro para comprar roupas , cheguei no momento mais deplorável e miserável que um ser humano possa se permitir chegar , então entrei em minha casa sem muitos móveis , uma casa que estava para ser tomada pelo banco devido a hipoteca vencida, dormia eu no chão , sem dinheiro para comprar comida , vivia na dependência da minha irmã, fui tomada por uma força que naquele momento eu sabia definir de onde viria , mas era a força do Senhor , então depois de muitos dias sem ler ou mesmo meditar na palavra eu abri o precioso livro e exatamente no livro de Salmos o Senhor falou comigo, desta forma:

Salmos 20

¶
¹*O SENHOR te ouça no dia da angústia, o nome do Deus de Jacó te proteja.*
²*Envie-te socorro desde o seu santuário, e te sustenha desde Sião.*
³*Lembre-se de todas as tuas ofertas, e aceite os teus holocaustos. (Selá.)*
⁴*Conceda-te conforme ao teu coração, e cumpra todo o t e u plano.*
⁵*Nós nos alegraremos pela tua salvação, e em nome do nosso Deus arvoraremos pendões; cumpra o Senhor todas as tuas petições.*

⁶¶ Agora sei que o Senhor salva o seu ungido; ele o ouvirá desde o seu santo céu, com a força salvadora da sua mão direita.
⁷Uns confiam em carros e outros em cavalos, mas nós faremos menção do nome do Senhor nosso Deus.
⁸Uns encurvam-se e caem, mas nós nos levantamos e estamos de pé.
⁹Salva-nos, Senhor; ouça-nos o rei quando clamarmos.

Neste momento eu não compreendi o que o Senhor estava me revelando , mas senti a presença de Deus invadir minha sala , como naquela primeira oportunidade , eu ali tive um encontro profundo com o Senhor Jesus, em lágrimas eu só sentia a vontade de ajoelhar e agradecer , e dizer Senhor a minha vida é sua , aconteça o que acontecer a minha vida é sua.

A partir deste momento eu me levantei , consegui me olhar no espelho e voltar a me alimentar , passei um mês sendo humilhada , mal tratada por telefone , desprezada , mas o Senhor estava cuidando de mim, sem eu mesma perceber , então neste dia fiz um voto com Deus , quando disse a Ele que o serviria de todo o meu coração por toda a minha vida acontecesse o que acontecesse , eu só não imaginava o que poderia acontecer nos anos vindouros , mas Ele sabia e estava me moldando, estava me preparando , me capacitando para suportar o por vir.

Então eu tomei uma decisão que era fazer prova de Deus naquele momento , falei "Senhor , se tiveres propósito na minha vida em Rondônia , Tu me levaras de volta para aquela terra , mas não mais para aquele homem , mas para cumprir a sua promessa na minha vida, para ser usada por Ti , naquele lugar, mas preciso vender a minha casa e pagar as minhas dívidas em uma semana , pois o banco vai tomar ela de mim e nesse momento é o que eu tenho para poder me desfazer e prosseguir." Para minha surpresa em menos de uma semana Deus envia os compradores para minha casa , vendi a casa , paguei as dívidas e então cumpri com meu voto voltei para Rondônia, decidida a não mais viver com aquele homem que me humilhou , me desprezou e me abandonou , mas sim decidida a servir ao Deus vivo que conheci no deserto , mas chegando em Rondônia, a surpresa , aquele homem de joelhos me pediu perdão e pediu uma segunda chance , eu o perdoei , ainda o amava e então começamos uma nova vida , agora direcionada por Deus , alguns consertos , e então no mês de setembro de 2008 nos casamos , eu engravidei de uma promessa a princesa Sarah Cristina, profetizada na vida do meu esposo Ailton , com nome e promessa de que nos traria muitas felicidades , e assim foi realizado , os feitos do Senhor em nossas vidas , comecei a servir ao Senhor , cuidando de uma grande geração de mulheres que também tinha o nome da promessa Geração Sara , multiplicando e conquistando vidas para o Senhor Jesus , pois esta a promessa de Deus,para nossas vidas quando,restituiu meu relacionamento e nos entregou uma filha , agora então casada, com a Sarah e Gabriel o anjo que o Senhor usou para me resgatar do abismo , seguíamos nossa caminhada com Deus , crescendo na palavra e conquistando no mundo material também , abrimos nossa empresa , compramos nosso carro m estávamos vivendo um momento abençoado em nosso casamento , em 2010 , recebo mais uma maravilhosa notícia, estava grávida novamente , sonhávamos em ter mais um menino , e Deus nos entregou Isaque , porém como toda promessa precisa ser aprovada , Deus nos colocou a prova , Isaque nasceu com uma infecção generalizada , decorrente de uma infecção urinária que tive durante a gestação , chegava Isaque a este mundo dia 16 de maio de 2011 , e direcionado para a UTI (Unidade de Tratamento Intensivo) , começava ali mais uma busca incessante em Deus , pela vida de nosso príncipe, foram longos 09 dias de internação , até que no 07 dia me posicionei e entreguei nas mãos do Senhor a vida do meu filho , que antes mesmo de ser meu era do Senhor e disse ao Pai, se fosse da vontade Dele me devolver perfeito sem sequelas o meu filho que Ele fizesse o milagre ou então levasse para Ele o Isaque , uma decisão muito difícil de ser tomada , mas precisava novamente fazer prova de Deus , então o Poderoso Deus , estende as mãos de seu glorioso trono e entrega a vida ao Isaque , e com um milagre , Isaque tem alta e sem nenhuma sequela , uma criança saudável , mesmo tendo sido diagnosticado de várias deficiências , uma delas era ter a possibilidade de ter que fazer uma transfusão total de sangue , por ter um sangue totalmente infectado , mas quando clamei o milagre , pedi ao Senhor que aplicasse o sangue Dele no Isaque, e assim fez o Senhor, ficamos completamente gratos a Deus por este maravilhoso milagre , e prosseguimos conquistando os sonhos de Deus para nossa família , foram seis meses que se passaram e meu esposo recebe um convite de nossos pastores Dimas Fernandes e Roselina Miranda para viajar ao interior e consagrarem uma pastora de nossa congregação , arrumei suas malas um dia antes da viagem e dormimos ainda fazendo planos para nossa família , até que na manha seguinte eles seguiram destino ao interior do estado.

Para esta viagem eles levariam 03 dias até concluírem toda a missão dada por Deus e eles , então saíram daqui na madrugada do dia 24 de novembro de 2011 com retorno previsto para o dia 26 de novembro de 2011 , nos comunicávamos apenas por telefone , eu neste momento fiquei em Porto Velho , com as crianças , cuidando dos afazeres e do ministério , Sarah então com 02 anos , Isaque com 06 meses e Gabriel com 12 anos , no sábado pela m a n h ã , nos falamos e os aguardei até por volta de umas 19:00horas, quando eu estava na varanda de casa dando a janta para as crianças , e recebi uma ligação , de que acontecera um acidente de carro e possivelmente eles estariam envolvidos , no momento da ligação não me desesperei , terminei de dar a comida para as crianças e fui ligar no celular deles que apenas informava estar fora de área,por volta de umas 20:00horas eu resolvi entrar em contato com o posto da polícia federal rodoviária da cidade de Ariquemes/RO, o policial então muito aflito me informara que havia acontecido no período da tarde , por volta de umas 17:00 um terrível e trágico acidente que provocara a morte de

09(nove) pessoas , mas devido a gravidade do acidente seria impossível me dar tais informações , sobre carro , nomes , pois um dos veículos havia explodido com o impacto da batida e as vítimas estavam todas carbonizadas, mesmo diante destas informações e agora já sentindo um pouco mais de preocupação , minha confiança em Deus , de que tudo estava bem era persistente , neste exato momento , Deus me coloca de joelhos e pede que eu interceda pelas famílias das vítimas , pelas esposas , filhos , para que tenham força , para suportar tais perdas , porém para obter mais informações , sobre tal tragédia eu decidi entrar no site de notícias , e me deparei com esta notícia que segue:

GRAVE ACIDENTE NA BR-364 MATA NOVE PESSOAS

Amados , quando eu abri neste site de notícias e vi estas imagens eu intercedi mais e mais pois imaginei o que as famílias de tais vítimas viriam e teriam que suportar , mas me aliviei , pois eu não consegui identificar este carro e nem as vítimas , estavam todas carbonizadas ali dentro , mas também não li a matéria , para ver se tinham ali nomes das vitimas , mas continuei a olhar as fotos , eram muitas e elas ainda estão lá nos sites de notícias da época até hoje exatamente como eu as vi , e fui a primeira a localizar tais fotos, porém uma das fotos que me chamou a atenção foi esta a seguir:

Estas fotos , foram as fotos que me trouxeram a confirmação de que eles haviam falecido , neste acidente , parecia um recado de Deus para minha vida dizendo , filha acabou , seja forte e corajosa , aqui eles encerravam a carreira ,guardavam a fé , combateram o bom combate até o final, mas eu nem imaginava o que viria pela frente , pela manha deste fatídico dia 26 de novembro de 2011 , meu esposo havia me ligado para dizer que me amava e que estava comprando presentes para mim e para as crianças , estava trazendo um calçado que eu gostaria muito de usar , pois ele me conhecia muito bem e sabia que gosto muito de sapatos , e nesta foto que me deu a certeza de que eles eram as vítimas , eu identifiquei a camisa polo dele que dei de presente dias antes , preta com listras amarelinhas , a bota preta de cano longo , como aquelas de policiais, que ele gostava muito de usar,o seu livro manual de libertação, pois ele era um pastor libertador, com um amor imenso por vidas , e a bíblia dele e todos os pertences dos nossos pastores , neste link você pode ter na integra maiores informações e todas as fotos do acidente, http://www.alertanoticia.com.br/noticia/br-364-grave-acidente-deixa-9-pessoas-mortas-sendo-3-carbonizadas-proximo-a-ariquemes,acidentes,764.html.

Neste momento queridos eu desabei , entrei em estado de choque, lembro-me que minha discípula Jessica Bruna , estava em casa me ajudando a cuidar dos bebês , e lembro-me ainda de ter telefonado para minhas mãe em São Paulo para avisá-la da tragédia , depois disso acordei o hospital com a pressão muito alta e já cianótica , com oxigênio , e algumas pessoas ao meu redor , pessoas que sou eternamente grata a Deus por estarem ali cuidando de mim com tanto cuidado e amor naquele momento difícil, lembro-me do médico Dr. Alexandre , cardiologista me pedindo para retirar a minha aliança do meu dedo , pois ele precisava levar ela para o local do acidente , para tentar fazer a identificação cadavérica do meu esposo , foram momentos de muita dor , o chão parecia estar aberto , um buraco gigantesco , uma dor que parecia arrancar meu coração do peito , perdia naquele momento o amor da minha vida , a quem eu declarei no altar do Senhor que me separaria apenas na morte , mas nunca esperando que ela chegasse , e da forma como chegou,tão repentinamente , ele ainda tão jovem , com 36 anos, cheio de planos , mas eu precisava aceitar aquela situação , pensei em meus filhos que agora teriam apenas a mim para cuidar , amar e estar ao lado deles em todos os momentos , vieram muitas dúvidas , questionamentos , mas para Deus eu apenas perguntava , para que aquela situação toda , para que , Deus permitiu eu me casar , vir para tão longe e passar por tudo isso , queridos essas perguntas o tempo foi me respondendo , mas neste momento eu precisava ser forte , para vencer aquelas grandes barreiras , você deve estar se perguntando e as crianças como ficaram neste momento , sou grata a Deus por um anjo colocado em minha vida , chamada Nucia , ela e toda a sua família , levaram meus bebes e meu filho mais velho para sua casa e cuidaram deles , e até hoje são a minha segunda família nesta terra , até pelo fato de meus pais morarem muito distante de mim , queridos foram muitas situações a enfrentar, cada uma delas mais difícil que a outra, o pós tragédia seria tão o mais doloroso que a notícia confirmada, meu esposo pela carbonização ficou impossível de fazer a identificação cadavérica , tendo sido necessário fazer exames de DNA , exames estes que demoraram mais de 07(sete) meses para serem concluídos , e que precisei da ajuda de muitos irmãos e da igreja na qual eu congregava no período para nos manter alimentados e sustentando a minha família , foram momentos muito difíceis, e eu só conseguia ouvir a voz de Deus me pedindo para ser forte e corajosa , minha família precisava de mim , mas não era somente isso , meu esposo tinha uma empresa no ramo da construção civil , ele era técnico nesta área, eu até este dia era apenas uma dona de casa , auxiliada por minha querida Luciana e sua família a qual sou muito grata , dona de casa , mãe e líder com a responsabilidade de cuidar de vidas , de mulheres que eu amava e ainda as amo muito mesmo estando vivendo outras fases em nossas vidas , mas impossível esquecer os momentos de edificação que passamos juntas , mulheres da Geração Sara, da igreja a qual eu pertencia Batista Missionária Ágape, na qual meus pastores me ensinaram a amar vidas e ser forte no Senhor, de todos esse contexto queridos , para não deixar aquelas famílias que eram sustentadas pelos funcionários da empresa do meus esposo , eu decidi então assumir as rédeas da empresa , tomando frente e sendo ajudada por muitas pessoas , destaco aqui Edson que foi meu braço direito assim como Silvana que também me socorreu quando eu precisei , Edson era um discípulo , amigo e fiel escudeiro de meu esposo e hoje tem um filho que recebeu em homenagem a esta amizade o nome Ailton , então eu assumo as empresa os negócios logo depois de os ter enterrados , eu não tinha tempo de viver um luto,Deus lá no início pediu que eu fosse forte e corajosa , Ele sabe de todas as coisas , Ele nos prepara e nos capacita a vencer todos e quaisquer obstáculos mesmo que nós pensamos no primeiro momento não aguentar suportar , mas Deus não permite que caia uma só folha de uma árvore sem a que seja da tua vontade.

Mas cuidando de toda essa situação eu assumindo a empresa infelizmente não obtive sucesso nos negócios , não fui uma boa administradora e veio a falência, neste processo todo eu perdi todo o resto que eu tinha , cheguei ao ponto de ter que abrir a porta da minha casa para vender todas as coisas , de garfos a camas , a louça tudo para tentar conseguir pagar algumas das dívidas , perdi carro , tudo , fiquei então na rua com as crianças e uma trouxa de roupas , definindo o que aconteceria dali pra frente , já não tinha mais sonhos a sonhar, só desejava mesmo não deixar nada acontecer aos meus filhos , Deus permitiu eu chegar até este ponto para saber de fato onde estava meu coração , mas Deus sempre coloca anjos em nossa vida, e um anjo chamado Alexandra uma amiga irmã de longa data , que conheci no momento em que conheci este meus esposo que falecera neste acidente , no início deste livro citei que eu conheci ele através da internet , e foi na lan house desta amiga que o conheci, ela participou de todos os momentos da minha vida , os felizes e os tristes, e neste momento ela cedeu o seu apartamento para eu morar com ela e com as crianças , passamos momentos muito difíceis ali naquele apartamento , choramos , buscamos a Deus , e mais uma vez confiamos, sabíamos que o Senhor que começou a boa obra em nós era fiel para concluir , neste período queridos de tempo já passados 02 (dois) anos do falecimento do meu esposo , eu conheci uma pessoa que Deus enviou do céu para poder me ajudar , e me mostrar uma direção na minha vida , pois tudo havia saído do controle , as finanças bagunçadas ,f a l i d a, mas com o desejo de vencer muito grande dentro do meu coração, e em todo o tempo eu ali , renovando minhas forças no Senhor, fitando meus olhos para os montes , não perdendo o foco , Deus não permitia eu esquecer de nossos pactos , de tuas promessas , e de tudo o que falei a Ele no início de minha conversão , de que não importava o que acontecesse eu estaria ali o servindo, queridos nossas palavras tem muito poder e os pactos que fazemos com Deus , não podemos quebrar , e mesmo que o quebremos em determinadas situações Ele nos lembrará, com amor , pois Ele é um Deus amoroso , mas também um Deus justo, se erramos , se plantamos sementes ruins colheremos frutos ruins, mas se plantarmos frutos bons colheremos frutos bons.

Neste período da minha vida, passado por tantas coisas e agora tendo que recomeçar do zero, tomei uma decisão , muito forte , entregar por completo a minha vida ao Senhor , permitir que Ele seria de fato em um todo o meu sustento , e decidi me entregar para fazer a obra do Senhor, algo que eu havia lá atrás feito um pacto mas quebrei, quando fiquei viúva e as circunstancias me levaram por caminhos errados , fui em busca de apenas acreditar que meus filhos precisavam de um sustento e que eu era agora o alicerce em minha casa , a mantenedora daquela família, e me distanciei do chamado , foi doloroso , tão quando ao luto , pois tinha dias que não via saída para tal situação, para reverter , orava e chorava nas madrugadas, então decidi confiar mais e mais em Deus , decidi lembrar do pacto , de cada palavra dita no altar do Senhor, e me posicionei , eu procurava emprego mas as portas não se abriam , o desejo de ajudar as pessoas aumentava , mas eu não podia ajudar nem a mim mesma , então resolvi numa tarde em minha casa , me filiar num partido político e me candidatar , pra quê??? , apenas para tentar conseguir ajudar as pessoas de uma forma correta , pois cansada de ver políticos oportunistas , mentirosos e corruptos , eu pensava em fazer a diferença ao próximo , então disputei as eleições no ano de 2014 para deputada estadual, sem condições financeiras, sem recursos , pois acredito que política não deve se fazer com dinheiro mas sim com verdade, conhecendo as necessidades reais das pessoas, fui as ruas , como candidata a deputada estadual ,m a s infelizmente a mentalidade do povo precisa de muita oração e atitude para mudar , mas louvo a Deus aos 559 votos conquistados no sol , andando e conhecendo as pessoas , não consegui ser eleita precisava de uns 7 mil votos , mas minha honra e dignidade permaneceram intactas , neste período Deus envia outro anjo em minha vida , chamada Lucineide Santos , esta mulher teve um sonho de Deus para a sua vida , um programa de televisão , e soube do meu testemunho de luta e perseverança e superação , e começou a me procurar , para entrar em contato e me apresentar o seu projeto e me pedir ajuda para desenvolver , eu hesitei, fugi dela , mas um dia Deus me levou a nocaute (risos) , fui ao chão e Deus disse ter algo grande a me entregar , uma promessa que se cumpriria em minha vida , e esta promessa é para mim e para você que esta lendo este livro e hoje pode estar achando que sua vida não tem mais jeito , que as coisas acabaram , que não há saída , a promessa de Deus para os que Nele confiam é esta:

"Nem olhos viram, nem ouvidos ouviram, nem jamais penetrou em coração humano o que Deus tem preparado para aqueles que o amam." 1 Coríntios 2:9

Depois de Deus entregar essa promessa e confirmação, sai para a reunião com ela , e foi ai que ela apresentou o projeto a mim e eu orei e abracei a causa , e mais um tempo depois eu estava ali , na televisão apresentando um programa ao Senhor, em meio a muitas lutas , mantivemos o programa no ar , mas neste ano , o programa por falta de patrocinadores saiu do ar , mas cremos no Deus que servimos e vamos vencer esta barreira , você pode conhecer o projeto acessando o nosso site www.adoradoraspvh.com.br, o que eu ainda não contei é que ela e muitos não sabiam do sonho antigo e adormecido que eu tinha , mas que Deus sabia , quando eu vim morar aqui no estado de Rondônia eu fui cursar a faculdade de Jornalismo, porém em meio a tantas dificuldades , tranquei a faculdade , e passaram sete anos , mas o sonho de cursar jornalismo veio de criança, tinha um desejo de ser jornalista de jornal das oito (risos), mas quando tranquei a faculdade já convertida ao evangelho de Cristo , eu disse ao Senhor se este for desejo seu Pai, o Senhor me colocara um dia na TV , para fazer a Tua vontade , e então guardei o sonho no altar do Senhor, este tempo todo passou e Deus me levou para a TV para falar do amor Dele por todos , para testemunhar de sua glória , então queridos se você tem um sonho não concretizado , coloque diante do altar do Senhor , Ele sabe a forma , o tempo e momento exato de concretizar os sonhos Dele para a sua vida.

Desde o dia em que tomei a decisão de me dedicar ao Reino de Deus , tenho em meu coração o desejo de poder falar deste amor e cuidado a muitas pessoas, mas não posso ir em muitos lugares então resolvi escrever , para contar as experiências com Deus , e a seguir vou relatar de qual forma podemos chegar ao sucesso com Deus , você pode as promessas estão na palavra de Deus , apenas creia e decida como eu confiar em Deus.

Confiança e Conquista

No início deste livro eu citei um versículo que o Senhor me entregou , com uma promessa que se cumpriria , este é o versículo:

Salmos 20

[1]¶ O SENHOR te ouça no dia da angústia, o nome do Deus de Jacó te proteja.
[2] Envie-te socorro desde o seu santuário, e te sustenha desde Sião.
[3] Lembre-se de todas as tuas ofertas, e aceite os teus holocaustos. (Selá.)
[4] Conceda-te conforme ao teu coração, e cumpra todo o t e u plano.
[5] Nós nos alegraremos pela tua salvação, e em nome do nosso Deus arvoraremos pendões; cumpra o Senhor todas as tuas petições.
[6] ¶ Agora sei que o Senhor salva o seu ungido; ele o ouvirá desde o seu santo céu, com a força salvadora da sua mão direita.
[7] Uns confiam em carros e outros em cavalos, mas nós faremos menção do nome do Senhor nosso Deus.
[8] Uns encurvam-se e caem, mas nós nos levantamos e estamos de pé.
[9] Salva-nos, Senhor; ouça-nos o rei quando clamarmos.

Diante deste texto, eu fiz um pacto com o Senhor , de servir a Ele , enquanto eu vivesse , não importando as situações que surgissem , mas aqui eu dissertarei este versículo em cada momento da minha vida onde Deus se manifestou de forma sobrenatural , para que você conheça esse Deus , aceite esse Deus e decida como eu confiar Nele , tendo por justo e certo de que a vontade Dele para nossas vidas é esta:

"sejam capazes de experimentar e comprovar a boa, agradável e perfeita vontade de Deus." (Romanos12:2)

Estando nós em Deus , esta vontade aceitável de Deus em nossas vidas, nos torna mais que vencedores, e somos capazes de suportar as dores e perdas que sem Deus parecem ser insuportáveis de resistir.

Desta forma se manifestou Deus em minha vida através desta revelação da Tua Palavra:

¹ᶠO SENHOR te ouça no dia da angústia, o nome do Deus de Jacó te proteja.

Nos momentos mais difíceis na minha vida Ele me ouviu e me protegeu , não só a mim , mas a toda a minha família , Ele esteve ao meu lado , quando eu clamei.

Quando recebi a confirmação da morte do meu esposo eu clamei em grande voz, dizendo , Deus meu me ajuda, me dê forças , eu preciso suportar . Ele me ajudou , Ele cuidou de nós.

²Envie-te socorro desde o seu santuário, e te sustenha desde Sião.

Ele me enviou vários anjos , para me socorrer , em muitos momentos , trazendo , conforto , sustento e consolo , inúmeras vezes , e até hoje tem enviado.

³Lembre-se de todas as tuas ofertas, e aceite os teus holocaustos. (Selá.)

Me fez lembrar da oferta , do pacto que fiz , entregando a minha vida , em seu altar , quando Ele me resgatou da beira do abismo. Como Ele recebeu com aroma suave e se manteve fiel , mesmo nos momentos que eu não fui.

⁴Conceda-te conforme ao teu coração, e cumpra todo o teu plano.

Os planos de Deus para minha vida, tudo o que está guardado no coração do Pai para minha vida , me tem sido concedido, no tempo determinado por Ele.

⁵Nós nos alegraremos pela tua salvação, e em nome do nosso Deus arvoraremos pendões; cumpra o Senhor todas as tuas petições.

Tenho me alegrado , a alegria do Senhor tem sido , minha força e sustento , diários para vencer e aguardar que se cumpram as petições que tenho entregue em seu altar.

⁶¶ Agora sei que o Senhor salva o seu ungido; ele o ouvirá desde o seu santo céu, com a força salvadora da sua mão direita.

Como sei que o Senhor tem um cuidado especial com seus ungidos, tenho experimentado constantemente a força salvadora e protetora de sua destra fiel .

⁷Uns confiam em carros e outros em cavalos, mas nós faremos menção do nome do Senhor nosso Deus.

No momento em que li , este versículo especificamente , quando Deus se manifestou a mim através do seu Santo espírito , eu não pude compreender o que Ele queria dizer, mas depois de passado por toda as situações que vivi , entendi que a minha confiança era diferente , eu Decidi Confiar em Deus , e não em homens , em cavalos ou em carros , e então hoje eu faço menção do Nome do Senhor , por onde eu tenho ido , por onde Deus tem me levado , pois Nele depositei toda a minha confiança.

⁸Uns encurvam-se e caem, mas nós nos levantamos e estamos de pé.

Eu poderia ter me encurvado diante de homens , ter lutado com minhas próprias forças , para reverter algumas situações , mas eu decidi , me levantar com Deus e hoje estou de pé para contemplar as Tuas maravilhas em minha vida e na vida da minha família.

Queridos , este é o meu Deus , o Deus que eu amo , que eu sirvo , e este Deus quer te alcançar também , por amor de muitos Ele entregou seu único filho , numa cruz , para que hoje nós pudéssemos ter acesso a estas promessas, a este cuidado.

"Porque Deus tanto amou o mundo que deu o seu Filho Unigênito, para que todo o que nele crer não pereça, mas tenha a vida eterna.

João 3:16

Decidi Confiar em Deus , decidi ouvir a voz de Deus , hoje eu palestro e dou seminários , levando a palavra de Deus em muitos lugares, permitindo que as pessoas possam entender que as lutas , sempre existirão, mas cabe a cada um de nós decidir sermos vencedores ou perdedores, digo sempre

, "Pode o soldado estar ferido , mas não está morto" , os vencedores jamais desistem , eles podem não vencer todas as lutas , porém existe um Deus que entra em nosso favor , que não perde uma só batalha,te convido a conhecer este Deus,o Deus que me salvou , o Deus que cuidou de mim, e o Deus que me sustenta , hoje estou casada novamente com um homem de Deus maravilhoso que me acompanha em meu ministério, filhos abençoados e maravilhosos que assim como eu compreenderam que acima de todas as circunstâncias temos um Deus que é o nosso tudo, tem os fortalecido diariamente , para vencerem seus dias maus , a palavra do Senhor é muito clara , quando cita órfãos e viúvas , Deus tem um cuidado especial por quem passa por essas situações , pois Ele mais que qualquer pessoa conhece a dor de perder alguém que ama muito, ele viveu momentos de luto , quando Jesus , naquela cruz se entregou , por um momento o Pai , silenciou , Jesus pensava estar só , mas era Deus vivendo seu momento de dor, de luto , e tudo isso foi por nos amar .

Que esta leitura venha edificar a sua vida e que acima de todas as circunstâncias, sejam elas quais forem , não desista do seu chamado , prossiga , Deus tem o melhor para a sua vida .

Eu decidi ouvir e obedecer e este é o direcionamento de Deus para minha vida e para a sua.

Jesus lhe disse:"Deixe que os mortos sepultem os seus próprios mortos; você, porém, vá e proclame o Reino de Deus".

Ainda outro disse:"Vou seguir-te,Senhor,mas deixa- me primeiro voltar e me despedir da minha família". Jesus respondeu:"Ninguém que põe a mão no arado e olha para trás é apto para o Reino de Deus".

Lucas 9:60-62

Que a paz do Senhor que excede todo o entendimento seja com cada um de vocês.

Deus ainda não terminou a boa obra em minha vida, hoje tenho pós-graduação da área da Educação, e também pratico técnicas de PNL, busco edificar cada vez mias minha vida e minha família.

Que você busque motivação dentro de seu interior para vencer todos os obstáculos que surgirem em sua caminhada, sempre sendo sabedor(a) de que você nunca, jamais estará sozinho (a), mesmo que pareça estar, Deus não desistirá de você jamais, mesmo que você o esqueça, Ele jamais te esquecerá.

(Filhos herança do Senhor , Gabriel, Sarah e Isaque)

<u>*Contatos*</u>

Para agendar e convidar Bruna Ziviani para sua igreja, seminário e palestras entre em contato através dos canais de comunicação :

Email:brunahernandes110179@gmail.com

Whatsapp: (69) 99396-8977
Facebook: https://www.facebook.com/zivianihernandes
Blog:https://dicas-com-bruna-ziviani.webnode.com/artigos/?fbclid=IwAR3_su5m-_sVhGremxFxwnjpG5j8Bgn9889MpP7h7g2i9r3_tm3KR6nnsrE
Youtube:
https://www.youtube.com/channel/UC4BXWRj_VSfyqyU6E_6kNSA
Instagram:
https://www.instagram.com/stories/highlights/18000618514190028/

www.ingramcontent.com/pod-product-compliance
Lightning Source LLC
Chambersburg PA
CBHW032134050726
47590CB00008B/3089